AF273617

Anbefalet

Anbefalet

Af J. Christian Andersen

99 Succes bygger på en serie af ofte små forbedringer. Husk at fejre og anerkende, når det sker. **66**

Sue Glotfelty
Director, Marketing Services, Cintas,
amerikansk Fortune 500 virksimhed.

ANBEFALET
© 2013 J. Christian Andersen & Steven Henrik Jensen
Relationwise A/S
Tlf.: 70 268 264
info@relationwise.dk
www.relationwise.dk

Forlag: BoD – Books on Demand, København, Danmark
Fremstilling: BoD - Books on Demand GmbH -
Norderstedt, Tyskland

Omslag: Kiryl Lysenka, gnibel.com
Illustrationer: Hugo Camacho, NowhereValley.com
Sats: Elena Carl, elenacarl.de, Sabine Sørensen

2. udgave, 3. oplag, 2015
ISBN: 9788771703764

Anbefalet

Forord   8

Del 1 – Fra tilfreds til anbefalet

1 – Gør din forretning til en filosofi   12

2 – Et nyt mål   28

3 – Forandringsledelse   49

4 – Virksomheder under forandring   67

Del 2 – Historier der gør en forskel   93

Ikke kun gastronomi i verdensklasse   94

Hvordan service er marketing   96

Vi vil ikke have tilfredse kunder   98

Så vender vi kajakken   100

Antihelten   101

Afsluttende ord   104

Forord

London, sommeren 2013

Kære læser

For godt et år siden faldt jeg over en artikel fra Bain & Company – et af verdens største konsulenthuse. Konsulenthuset havde fundet en metode, som gav fantastiske resultater: De virksomheder, der var ledende inden for denne model, voksede i gennemsnit mere end dobbelt så hurtigt som deres konkurrenter.

I en tid, hvor alle drømmer om vækst, kan man enten pege fingre eller lytte og blive klogere på, hvad virksomheder i vækst gør rigtigt.

Det geniale ved Bain & Companys metode er enkelheden.

På en simpel, men uhyre effektiv måde opnår virksomheden vækst ved at styre efter ét enkelt mål.

Målet er at opnå flere kunder, der vil anbefale virksomheden til andre.

Samtidig er det en læringsproces for medarbejderne. Alle lærer løbende, hvordan de sikrer, at endnu flere kunder i fremtiden vil anbefale virksomheden. Med denne metode er det slut med kortsigtede mål og selvfede medarbejdere. I stedet skabes en virksomhedskultur, hvor alle medarbejdere tager ansvar for kundens købsoplevelse. En kultur, hvor kundeservice ikke ses som en omkostning, men som en investering, og hvor kunden er et menneske, som behandles med respekt.

Bogen her er første skridt på vejen til bedre virksomhedskultur.

Den vej vil vi i Relationwise gerne gå sammen med andre virksomheder, der vil opnå vækst ved at fremme en virksomhedskultur med fokus på kunden.

Vi håber, at bogen her kan inspirere dig i arbejdet, og vi håber, du vil dele dine erfaringer, så vi kan hjælpe hinanden undervejs.

Derfor er hele bogens del 2 dedikeret til læsernes egne historier og cases. Send gerne din egen kundehistorie, og du kommer med i næste oplag.

God rejse.

J. Christian Andersen, partner i Relationwise A/S
Christian@relationwise.com, www.relationwise.dk

Del 1

Fra tilfreds til anbefalet

1 – Gør din forretning til en filosofi

Det fælles mål

Det er på tide, at alle i virksomheden, både du og dine kollegaer, ledelsen og resten af organisationen, både backoffice og frontlinjemedarbejdere, får et fælles, inspirerende mål:

At finde frem til den forskel, der gør, at dine kunder siger:

> „Dem kan jeg lide at handle hos."
> „Dem vælger jeg også næste gang." og
> „Dem vil jeg fortælle om til mine venner og kollegaer."

Husker dine kunder dig? Er det dig, dine kunder snakker om? Eller er du blot en af de mange, ligegyldige leverandører, som kunderne handler med og udskifter, som tiden går? Bliver du overhovedet husket?

Kampen mod selvfedme

Hvis man grundlæggende har den holdning, at man skal gøre noget for sine kunder, i stedet for at man betragter dem som en malkeko, så er man allerede kommet langt, men ofte er fokus et helt andet sted. Hvis det går dårligt, så er det ofte pga. nogle eksterne omstændigheder. For så kan man pege fingre. Så flytter man fokus fra sig selv. Det er selvfølgelig det nemmeste. Det er det, vi kalder for selvfedme.

Tag ansvar for kunderne

Og her mener vi ikke bare at begynde at tale pænere og smile bredere. Det handler først og fremmest om, at du bør tage ansvar for dine kunder.

Du bør være til for at gøre en forskel. I stedet for at distancere dig hele tiden, fordi du ofte har travlt med at jage nye kunder, så burde du fokusere på at tage fuldt ansvar for hver enkelt kunde, både de eksisterende og potentielle.

Det er på tide, at vi virksomheder påtager os en human tilgang til vores forretninger og ikke tænker kortsigtet og kynisk. Det er på tide, at vi genopdager de gode grundlæggende værdier ved loyalitet.

Det er ikke en CSR-strategi. Det er et forsøg på at gøre alle kunders liv lidt bedre.

Og det kan godt betale sig. Men mere om det senere i bogen.

Et mission statement og et internt nyhedsbrev er ikke nok. Det kræver fuldt fokus og engagement i hele virksomheden – også hos dem, der ikke har direkte kundekontakt. Som vi skal se på senere i denne bog, er aktivering af medarbejderne og en forandring af hele virksomhedskulturen nøglen til at skabe den gode virksomhed.

Loyaliteten galt i halsen

Hvorfor overhovedet beskæftige sig med kundeloyaliteten? Virksomhederne har en grundlæggende udfordring: mangel på kunder.

Mange virksomheder oplever, at de ikke kan vækste, på samme måde som de har gjort tidligere, og der er samtidig en masse udfordringer med at sælge til nye. Enhver virksomhed, der har lavet udregningen, ved, at det er langt billigere at fastholde en kunde end at få en ny.

Men mange virksomheder har åbenbart problemer med at forstå, hvad loyaliteten egentlig er for en størrelse. Der tales ofte om loyalitet som noget endimensionelt: Virksomhederne forventer, at kunderne skal være loyale over for dem, men de er ikke selv loyale over for kunderne. Et godt eksempel på det er avisabonnenter. Man kan som loyal kunde gennem adskillige år komme til at opleve, at naboen, som før har holdt en anden avis, nu skifter til ens egen og kun giver en tredjedel af den pris, man selv giver. Hvorfor er det den nye og ikke den loyale kunde, der bliver belønnet? Det giver en ny kunde, men det er ikke loyalt. Med andre ord: Det er måske økonomisk effektivt på kort sigt, men det kan give bagslag på langt sigt.

Det er sulten der driver os

Rasmus Ankersen har blandt andet skrevet bogen „Leder DNA". Han er speaker rundt omkring i verden, hvor han fortæller, hvordan virksomheder og medarbejdere kan blive bedre til at performe. Han kommer meget i sportsverdenen, hvor han har rejst rundt i verden og bl.a. kigget på, hvorfor de er så gode til at spille golf i Sydkorea, og hvorfor mange af verdens bedste løbere kommer fra den samme lille landsby i Etiopien. Det er der kommet nogle ret interessante historier ud af.

Rasmus var på besøg hos Nokia i Finland. Da iPhone begyndte at overtage markedet, sagde deres CEO: „iPhone vil altid være et nicheprodukt." Apple ville aldrig blive en rigtig konkurrent, og Nokia ville kunne bevare deres dominans på markedet.

De var blevet selvfede. Alle gik og klappede hinanden på skuldrene og sagde: „Vi er de bedste i verden, der er ikke nogen, der kan slå os." De havde haft travlt med at fokusere på, hvad der skete inden for deres egne vægge, og glemte helt at se på, hvad der skete på markedet og hos kunderne. Det lyder meget banalt, at man skal lytte til kunderne, men der er masser af organisationer, der bliver så selvfede, at de, som Rasmus Ankersen siger, mister sulten.

Da Lars Løkke Rasmussen skrev sin debatbog „Den Danske Drøm", bidrog Rasmus Ankersen med et kapitel: „Hvordan skaber man sult i paradis?" Når noget går godt, hvordan holder man så sulten ved lige? Og i virksomhedsperspektiv: Hvordan kan man flytte fokus fra sig selv til kunderne?

Det gør man ved hele tiden at spørge kunderne: Hvad kan vi gøre bedre? Ikke bare om de er tilfredse, men hvad der skal til for, at de får en wow-oplevelse.

Nogle gange kan man have lyst til at råbe: „Lyt til kunden, for helvede, hør, hvad de siger". Det er det, der skal drive din forretning. Det er ikke, at du kommer ud og er smart og selvhøjtidelig. Du skal ikke betragte kunder som en ekspeditionssag. Du skal kæmpe for hver eneste kunde og hver eneste opgave, du får, og du skal yde dit ypperste hele tiden. Der er ikke længere plads til virksomheder, der kører på halv damp.

Forældede kundemålingsmetoder er nøglen til dovenskab

En fælles ting for mange selvfede virksomheder er, at de bruger uhensigtsmæssige målemetoder. Den klassiske fejl er, at der måles på en fem-skala (meget utilfreds-utilfreds-hverken tilfreds eller utilfreds-tilfreds-meget tilfreds). Virksomhederne lægger kategorierne tilfreds og meget tilfreds sammen og siger, at de har f.eks. 95% tilfredse kunder. Men der er stor forskel på at være tilfreds og meget tilfreds, og bare fordi man har svaret tilfreds (eller meget tilfreds, for den sags skyld) betyder det ikke, at man også er en loyal kunde. Vi skal derud, hvor de har fået en wow-oplevelse; hvor der er et eller andet, der har været ud over det sædvanlige. Ellers er det netop, at der kultiveres sådan en doven holdning, hvor det eneste mål er at bevare status quo.

Det bunder i kulturen

Kundeloyalitet har på den måde meget med kultur at gøre. Der er en tendens i den danske virksomhedskultur til en form for arrogance, især over for udenlandske

virksomheder. Der er mange danske virksomheder, der har brug for et wake-up call.

Hvis man vedligeholder en myte om, at man har nået toppen (og kan få lov at blive der uden hårdt arbejde hver dag), så bliver stilstand et mål i sig selv. Men verden står ikke stille, og det gør kundernes behov heller ikke.

Forestil dig, at du er en slagtermester i et supermarked. Du går en tidlig morgen, inden der bliver åbnet for kunderne, igennem de forskellige afdelinger, hvor dine kollegaer fylder deres afdelings varer på hylderne. I grøntafdelingen kan du se, at grøntmanden har stablet en fantastisk flot pyramide af tomater, men du ser lige, at en af tomaterne i toppen er dårlig. Her kan du vælge at gøre to ting: Enten går du hen og tager tomaten og går over til grøntmanden og siger på en pæn måde, at sådan noget kan være med til at ødelægge jeres ferskvareprofil i butikken. Du kan også vælge at gå ud til dine kollegaer i slagterafdelingen og sige, at ham grøntmanden er en total idiot, der ikke kan holde styr på sine tomater.

Som slagtermester bliver du ikke målt på grøntmandens succes, så du kan vel være ligeglad med, hvordan det går i grøntafdelingen?

Den virksomhedskultur er selvsagt ikke sund. Alt for mange virksomheder har skabt en organisationsstruktur med en masse siloer, der hver især bliver præstationsbedømt. Men vi glemmer, at vi alle er i samme båd. Derfor er virksomhedskulturen så utrolig vigtig.

Et andet eksempel: Du er til et møde på en kontorgang. Inde ved siden af ringer telefonen konstant. Så siger ham, du taler med: „Det er sgu da utroligt, nu har Jensen fandeme igen glemt at stille sin telefon videre". Hvorfor brokke sig? Så tag dog Jensens telefon, og hør hvad det er. Det kunne være en kunde!

En god indikator for, hvorvidt en virksomhed er kundeorienteret, er parkeringspladsen. En kundeorienteret virksomhed bør have kundeparkeringspladserne ved indgangen. I den produktorienterede virksomhed er det direktionsbiler, der holder lige ved siden af indgangsdøren. Det siger jo meget om kulturen. Det samme med den måde, du kommer ind i receptionen på. Du kan fornemme, om du føler dig velkommen, eller om du er til besvær.

Forandring starter hos dem der tør

Nogle gange er det, fordi man har en bestyrelse, som er sammensat på den helt forkerte måde. Der sidder en flok advokater og revisorer, og de sidder og kigger i bakspejlet og er hele tiden forsigtige og mistænkelige. Det er vigtigt, at der på det niveau er nogle, der står som repræsentanter eller ambassadører for kunderne.

Virksomhederne skal have mere forskellighed og kant. Det er generelt en udfordring i mange virksomheder. Der er ikke kant nok. Mange medarbejdere er så forhippede på at gøre karrierer og så bange for at lave fejl, at de ikke laver andet end ligegyldig vedligeholdelse, som ikke flytter virksomheden. Der er brug for nogle, der tør sige deres mening, og som har noget kant og nogle hold-

99 Mange medarbejdere er så forhippede på at gøre karrierer og så bange for at gøre fejl, at de ikke laver andet end ligegyldig vedligeholdelse, som ikke flytter virksomheden. **66**

ninger, og som tør stå frem og sige noget, der udfordrer status quo. Der mangler vi nogle profiler i dag. Vi har for mange glatte, pæne, kedelige typer.

Alle snakker om forandring, for det lyder jo godt. Men at sætte handling bag ordene er en helt anden ting. For lige pludselig så kan der ikke peges fingre af andre, når kunderne løber fra virksomheden. Hvem har ikke prøvet at pege fingre af f.eks. den urimelige priskonkurrence, finanskrise og alt muligt andet? Forandring sker, når du tør pege fingre af dig selv. Men man er blevet så magelig, at man ikke engang gider at lytte til kunderne, for det er jo så besværligt. Så skal man lige pludselig til at gøre noget, som andre siger. Så er det jo nemmere at lave sin egen lille agenda, så man kan nå at komme hjem og holde fri kl. 4.

Rockefeller Institute kører 'Tarp Studies' hvert år, hvor man ser på, hvorfor kunder forlader virksomheder.

Af de undersøgelser fremgår det, at det kun er ni procent af kunderne, der siger, det er pga. prisen.

Til gengæld svarer 68 procent af kunderne, at manglende dialog eller pleje er årsagen til, at de forsvinder. Det er det benhårde bevis for, at det er vigtigt at være i dialog med sine kunder og arbejde aktivt med kundeloyalitet.

Skaber du forandringen? Eller er det omvendt? Gå forrest og bliv den i virksomheden, der startede forandringen. Det lønner sig.

Resume

- Gør kunderne til det inspirerende mål, der tænder gnisten i dine medarbejdere
- Målet er ikke tilfredse kunder. Det er det samme som middelmådighed
- Skab en kultur, hvor medarbejderne hele tiden udvikler sig og gør tingene bedre

Kundeservice i Silicon Valley

På et besøg i San Francisco kom jeg forbi caféen Coupa Café i Palo Alto, en by lidt syd for San Francisco. Efter 10 min. havde jeg endnu ikke fået den kaffe, jeg havde bestilt, så jeg henvendte mig til en af medarbejderne. Efter yderligere 5 min. var der stadig ikke sket noget, så jeg henvendte mig igen for at bede om min kaffe og fik igen at vide, at den var på vej. Der gik yderligere 5 min., før jeg fik min kaffe, og på det tidspunkt var min tålmodighed brugt op.

Jeg skrev derfor på deres Facebook-væg, at de måtte kunne gøre det lidt bedre. Efter blot 2 timer svarede de:

I'm sorry for the delay. We are short staffed, but we will be back to normal tomorrow. Thank you!

Det er flot, at de svarer efter blot 2 timer. Det er bedre, end hvad selv nogle af de omkringliggende store IT-virksomheder i Silicon Valley kan præstere. Så langt, så godt. Men hvis de nu havde set god service som en investering og ikke som en omkostning, så kunne de f.eks. have skrevet: Det beklager vi. Kom forbi igen og få en gratis kaffe – og denne gang til tiden.

Omkostningen for kaffen havde været minimal. Jeg havde måske endda købt noget til kaffen, så de havde tjent på mit besøg. Og det ville måske have gjort mig til en loyal kunde, der ville anbefale dem til andre.

Spørgsmålet, du bør stille dig selv i dag, er: Ved alle i virksomheden, at god service ikke er en omkostning, men en investering?

2 – Et nyt mål

Mange virksomheder har allerede lavet flotte mission statements og udvist gode intentioner. Men en mission uden mulighed for at måle på resultaterne forbliver som regel varm luft.

Net Promoter Score ®

Det er nødvendigt med en model, der gør de gode intentioner målbare, så I hele tiden ved, hvor I står. På den måde kan I rette til, hvis I kan se, at resultaterne på enkelte punkter ikke er tilfredsstillende. Det er ikke tilfældigt, at verdens mest succesfulde virksomheder (f.eks. Apple) bruger et systematiseret kundemålingsprincip. Og de bruger ikke et hvilket som helst system. De bruger Net Promoter Score® (NPS®)*.

Det er et system, vi også anbefaler. Det er ikke noget, vi får noget for at anbefale, men vi gør det af den simple grund, at det

*Net Promoter, Net Promoter Score og NPS er registrerede varemærker af Satmetrix, Bains & Co. & F. Reichheld. Det er en åben spørgemodel, som alle kan bruge frit.

er det bedste system. Det er enormt simpelt at implementere, det er lige så simpelt at analysere og handle på, og den NPS®, man får, er sammenlignelig, både internt mellem afdelinger eller medarbejdere, og eksternt, med konkurrenter, og på tværs af brancher.

Det er det anerkendte konsulentfirma Bain & Company og Fred Reichheld, der har introduceret modellen. Det er en fri model, som alle kan bruge ganske gratis.

Det hele begyndte tilbage i 2003, hvor Fred Reichheld, der også er ansat ved Harvard, nedsatte en researchkommission. Han lavede en del research for at finde ud af, hvad der er det bedste spørgsmål, man kan stille kunderne for at få en indikation og en direkte sammenligning til virksomhedens vækst. De forsøgte sig med adskillige spørgsmål, og det 'anbefalede' spørgsmål var det, som gav den mest valide sammenligning med de profitable væksttal for virksomheden.

De fandt en klar korrelation mellem villighed til at anbefale et produkt til andre og villighed til selv at købe det.

Fred Reichheld skrev bogen „The Ultimate Question" i 2006. Bogen regnes for en bibel inden for NPS®.

Implementeringen af NPS® har været meget udbredt i USA, og modellen er forholdsvis udbredt i Storbritannien. I Danmark er det stadig relativt nyt.

En KPI der kan se ind i fremtiden

NPS® kan noget, som ingen andre modeller kan. Forestil dig, at du kunne få en KPI (Key Performance Indicator) der viste, hvad der ville komme til at ske i fremtiden? Du har nok KPI'er, der viser situationen nu eller bagudrettet, men det er de færreste virksomheder, der formår at få en KPI, hvor de kan forudsige, hvad deres kunder vil i fremtiden. Det er noget af det fantastiske ved NPS®, at den formår at gøre dette.

Hvad med den klassiske tilfredshedsscore? Når kunder skal fortælle om deres oplevelse eller tilfredshed, så beder du dem i virkeligheden om at fortælle noget om fortiden, men du beder dem ikke om at fortælle, om de vil komme igen, og slet ikke om de er så glade, at de vil fortælle det til andre.

" Forskellen på loyalitet og tilfredshed handler i virkeligheden om, at tilfredshed er noget, der har været.
Loyalitet handler om forventet fremtidig adfærd. **"**

Undersøgelserne, der har inspireret modellen, viste, at det spørgsmål, der afspejler kundeloyaliteten og fremtidig adfærd bedst, er:

I hvor høj grad vil du anbefale os til andre?

Kunden får nu mulighed for at svare fra 0 (Slet ikke) til 10 (I høj grad). Spørgsmål og svarmuligheder bliver efterfulgt af en kommentarboks, hvor der står:

Hvad kan vi gøre endnu bedre?

For det er også vigtigt at forstå årsagen til utilfredsheden, og hvad der kan gøres endnu bedre. Hvilke drivers bag scoren, driver loyaliteten og ambassadørerne?

Hvis kunden på det første spørgsmål svarer 9-10, er denne en ægte loyal kunde, også kaldet promoter. 7-8 bliver i den klassiske kundetilfredshedsmåling betragtet som tilfreds, men i dette system betegnes det passivt tilfreds, da kunden endnu ikke er nået det niveau, hvor denne har et stærkt bånd til jer og uopfordret vil anbefale jer. En kunde, der vælger 7-8, kan derfor meget vel vælge konkurrenten næste gang, hvis der er en umiddelbart god grund til det (f.eks. et godt tilbud eller god omtale fra konkurrentens promoters). Hvis kunden vælger 0-6, betragtes denne som illoyal og bliver betegnet detractor. Denne kunde kan forsvinde til enhver tid. Svarer kunden 0 til (cirka) 4, er det endda sandsynligt, at denne vil tale dårligt om din virksomhed.

NPS® findes ved at trække Detractors (0-6) fra Promoters (9-10). F.eks. kan en virksomhed have fået følgende svar på deres kundemåling:

Promoters	55%
Passive	25%
Detractors	20%

Det giver en NPS® score på 35 (55-20).

Et eksempel på en virksomhed, der har en meget imponerende NPS®, er Apple, der ligger stabilt på ca. 72%. Hvis din virksomhed kan nå bare i nærheden af det, ser fremtiden rigtig lys ud. Selvom det virker helt astronomisk at sammenligne sig med Apple, må man huske, at det ved brug af teknikkerne, der er beskrevet her i bogen, slet ikke er urealistisk at nå et lignende niveau.

Overordnet opdeles NPS® i 3 kategorier:

(-100) – 0:	Dårligt
0 – 50:	Middelmådigt
50 – 100:	Godt

Der har været noget diskussion om, hvorvidt det er mest hensigtsmæssigt at måle svarene i kundemålingen på en 5- eller 10-pointskala. Her vil vi varmt anbefale 10-pointskalaen. Det er nemmere for kunden at forholde sig til, og det giver et mere nuanceret billede af svaret. Og vigtigst af alt, så er det 10-pointskalaen, NPS® er bygget op om, så du slipper for omregninger, der vil gøre sammenligninger med andre NPS®-firmaer mindre valide.

I hvor høj grad vil du anbefale os til andre og hvorfor?

"Promoters" (9,10)

"Passive satisfied" (7,8)

"Detractors" (0-6)

Mål på bundlinjen

Det er klart, at når der måles, så skal der også måles på bundlinjen.

Lad os lave et simpelt regnestykke, der illustrerer livstidsværdien af en kunde: Hos Relationwise har vi haft talrige møder med salgs- og marketingchefer, der ikke havde lavet det vigtige regnestykke, der viser, hvad de taber i kroner og øre på kunder, der forlader virksomheden. I det tilfælde, at du heller ikke har lavet regnestykket, så får du vejledningen til det.

Det vil selvfølgelig for nogle virksomheder være svært at lave et præcist regnestykke, da det typisk er svært at måle præcist, hvor mange kunder der kommer og går, hvem der er faste kunder, og hvem der køber hvor meget.

Det er dog altid en fordel at have et estimeret regnskab, frem for ikke at have noget som helst.

Her er et eksempel på regnestykket i sin simple form: I gennemsnit er der 10% af virksomheden „ABC"s kunder, som ikke køber igen året efter deres første køb. I gennemsnit er hvert køb 50.000 kr. værd. Hvis ABC har 500 kunder, så betyder det, at 50 af deres kunder ikke vil give den potentielle indtjening på hver 50.000

kr. det næste år. De giver derfor et samlet tab af potentiel indtjening på 2.500.000 kr.

Men det var jo bare det første år. På 5 år er de 2,5 millioner kr. blevet til 12,5 millioner kr. og på 10 år er det blevet til 25 millioner kr. Hvis ABC havde holdt på blot en brøkdel af deres tabte kunder, ville de have været millioner rigere.

ABC mister ganske vist 10% af deres kunder hvert år, men de får også 10% nye kunder til. Virksomheden løber derfor fint rundt, og af den grund er de ikke særligt optagede af de tabte kunder. Men bare fordi man får nye kunder til, retfærdiggør det ikke, at man mister kunder i den anden ende. Hvis ABC havde halveret frafaldet, ville de hvert år have en bruttokundevækst på 5% i stedet for at køre sig fast i status quo, mens konkurrenterne kommer foran. Glem heller ikke omkostningerne ved at skaffe de 10% nye kunder.

Du kan også gå et spadestik dybere og linke loyalitets-scoren med andre tal, I kan finde i jeres CRM (Customer Relationship Management) og økonomisystem. Her åbner sig nogle yderst spændende muligheder, som kun de færreste virksomheder er nået til. Det giver f.eks. mulighed for at få svar på disse spørgsmål:

- Hvilken økonomisk indflydelse har en Detractor og en Promoter?

- Hvor længe forbliver Detractors og Promoters i gennemsnit som kunder?

- Hvad er livstidsværdien for henholdsvis en Detractor (evt. negativ værdi) og en Promoter?

- Hvad vil det (økonomisk) betyde for jer at gøre en bestemt andel af Detractors til Promoters?

- Hvis du kan skabe forandring med udgangspunkt i ovenstående facts, hvilken økonomisk gevinst vil du kunne opnå?

Kundeloyalitet har også betydning på din bundlinje på en anden, ofte overset, måde, gennem ambassadører.

US Office of Consumer Affairs har i årevis påvist sammenhængen imellem håndteringen af klager, og hvilken dramatisk effekt forskellig klagehåndtering har på de utilfredse kunders intention om at købe igen. Eksempelvis har de påvist, at 75-95% af de utilfredse kunder slet ikke klager! De har også påvist, at tiden, der går fra, at der klages, til virksomheden enten agerer på klagen eller løser problemet, har direkte indflydelse på sandsynligheden for, at kunden forbliver kunde. Procentdelen af kunder med „store klager", som alligevel vil fortsætte som kunder, stiger fra 9-19%, alene fordi de får afgivet deres klage – selv om problemet endnu ikke er løst. Løser virksomheden problemet, stiger antallet af kunder, som ønsker at fortsætte, til 54%, og løses problemet hurtigt, stiger det til hele 82%! Du kan med andre ord ændre din „win-back" fra 9 til 82%. Hvilken økonomisk betydning ville det have for din virksomhed?

Ambassadører, og hvad de kan betyde for din virksomhed

Hvor mange af dine kunder handler hos dig i dag på baggrund af en anbefaling fra en anden?

Antallet af kunder, der genereres af en anbefaling, vil være forskelligt og også brancheafhængigt. Peter Winther fra Winholistic har et bud, efter at have undersøgt det blandt en række danske virksomheder. Hans undersøgelser viser, afhængigt af branche, at hvis en Promotor anbefaler virksomheden til bare fire andre, vil der være stor sandsynlighed for, at én af disse ender med at blive kunde.

Der skal efter ovenstående „formel" ca. 40 anbefalinger til for at skaffe ca. 10 nye kunder.

Her skal man selvfølgelig skelne mellem et klik på „like" på Facebook og en reel anbefaling, til én vi kender rigtig godt – det er den sidstnævnte, vi taler om.

Hvor mange nye kunder pr. ambassadør det bliver til på et år, afhænger fuldstændig af, hvor gode vi er til at animere og aktivere vores ambassadører til at anbefale virksomheden.

Det understøttes også af, at vi tror væsentligt mere på anbefalinger fra vores venner og bekendte, end vi tror på virksomhedernes egne anprisninger eller ekspertråd og vejledninger.

Hvis du kunne fordoble antallet af Promoters, altså dem, der rater dig 9 eller 10, hvor mange kunder ville du så kunne få?

Selv med konservative estimater vil du nok finde frem til, at der er store beløb at hente direkte til bundlinjen ved at arbejde med kundeloyalitet.

Så lyt til kunderne og find ud af, hvad der skal til for at få dem til at blive dine ambassadører. Ifølge Tomas Lykke Nielsen, forfatteren bag den anmelderroste bog „Tag ansvar for kunden", er der nogle fællestræk. Han siger:

Der er én tendens, som er særligt tydelig. De (virksomhederne med mange ambassadører) har en højfrekvent kommunikation med deres kunder. De fortæller kunderne, når der er noget relevant for kunderne at vide. De foreslår proaktivt forbedringer til kundens løsning, de fortæller, når de har gjort en fejl, og så sørger de for at holde kunderne velinformerede, når kunderne befinder sig i processer (hvad sker der nu, hvor langt er vi, etc.). Mit bud er, at en af de hurtigste veje til at få flere ambassadører er at steppe op på kundekommunikation – vel at mærke med relevans for kunden, for det er med til at styrke og opretholde kunderelationen.

Mobiliser ambassadørerne
– og skab din egen bevægelse

Så langt – så godt. Men hvordan kommer du så et skridt videre? Hvordan får du mobiliseret dine ambassadører så dit gode budskab kan gå viralt?

Jo – du skal finde ud af, hvordan din virksomhed kan gøre verden bedre. Hvordan du kan få dine kunder til at elske dig – og fortælle det videre.

Men fundamentet skal være på plads først. Du kan ikke forvente, at din virksomheds ambassadører kan hjælpe dig til at skabe en bevægelse, før din virksomhed konsekvent leverer excellente kundeoplevelser – tidligst når virksomheden har en Net Promoter Score® på minimum 50.

Kundernes loyalitet er betingelsen for, at de vil dele din vision – og udbrede den.

Tænk stort – og del visionen med kunderne.

For at starte en bevægelse skal du finde frem til den vision, du deler med kunderne.

Du skal tage udgangspunkt i dine ærlige værdier for at finde visionen, der slår bro mellem din virksomhed, dine kunder og den verden, I mødes i.

At finde en fælles vision kræver, at du er meget bevidst om dine egne værdier og kender kunderne indgående. Gå derfor i dialog med kunderne og lær dem at kende.

Tænk stort. Visionen skal være værd at tale om – og hvis du tænker for småt, gider kunderne ikke at tale om den.

Nu kan du involvere dine kunder. Din og dine ambassadørers fælles vision skal formidles til verden – og der findes ikke noget bedre end personlige historier til at sprede det gode budskab og skabe en bevægelse.

Vi kender det fra Steve Jobs legendariske produktpræsentationer, hvor budskabet til hans følgere altid var, at de skulle udfordre status quo.

Et andet eksempel er banken Itaú i São Paulo, der har skabt værdibaseret markedsføring ved at sponsere et netværk af bycykler og skabe en kultur for at cykle, som ikke eksisterede før.

Men også adskillige mindre virksomheder inspirerer og uddanner dagligt millioner af mennesker ved hjælp af deres egne publicerede bøger, hvoraf mange gives gratis væk på nettet.

De hjælper andre og skaber en bevægelse, der kommer virksomheden til gavn.

Er det nemt at starte en bevægelse? Nej. Mit bud er, at det nok kun er de få, der tager springet og seriøst går i gang med at mobilisere deres ambassadører og starter en bevægelse.

Det er selvfølgelig langt nemmere at ringe til sit reklamebureau og få lavet en kampagne med flotte billeder.

Men reklamen gør næppe verden bedre. Kunderne mærker det, og kampagnens effekt på salget er flygtig – eller opstår slet ikke.

Resume

- Find frem til, hvor mange penge din virksomhed mister på tabte livstidskunder
- Find frem til, hvor mange af dine kunder der er trofaste og loyale, og som anbefaler dig til andre
- Find frem til de potentielle illoyale kunder, og gå i dialog med dem

Hvad kan vi lære af LEGO Company?

Your smartest people don't work in your company

Conny Kalcher, VicePresident af Marketing and Consumer Experiences, fortæller, at en af deres adult fans blev så sur, at han kontaktede ejeren af LEGO Company, Keld Kirk, og deres CEO, Jørgen Vig. Kunden spurgte, hvordan det kunne være, at LEGO var ligeglade med, at han annullerede en ordre, og hvorfor de ikke engang spurgte ham ind til hvorfor. Det var en øjenåbner for LEGO Company.

I dag involverer LEGO Company i langt højere grad deres kunder. De bliver hørt, og kvaliteten af deres oplevelser med de forskellige LEGO touchpoints bliver målt. Faktisk er LEGO Company i dag så strålende et mønstereksempel, at de talrige gange bliver refereret til af selveste grundlæggeren af NPS®, Fred Reichheld, i hans bog „The Ultimate Question 2.0".

Samtidig arbejder LEGO Company også intenst med at engagere de mange voksne LEGO fans (AFOL's). De har endda udviklet et specielt ambassadørprogram med 105 ambassadører i 35 lande, der med hver deres lokale LEGO User Groups (LUGS) repræsenterer mere end 200.000 medlemmer.

Conny Kalcher fortsætter: *Vores forbrugerfokus er blevet meget skarpere, som en del af den turnaround vi havde. Det viste sig, at vi var ikke gode nok til at forstå forbrugeren i den periode, så vi forfulgte vores egne strategiske planer uden at lytte til børnene.*

Det har bestemt været en del af vores turnaround historie, at vi er langt mere outside-in i dag, end vi nogensinde har været. Der var nogle helt konkrete knapper, vi drejede på, for at skabe den forandring. Et consumerperspektiv hjælper også på at skabe forandring internt i firmaet: Det at gøre noget godt for forbrugeren er jo et godt fyrtårn for medarbejderne at styre sammen mod. Så når man er i en forandringsproces, er det en god ting at bringe i spil.

Vores grundlægger, Ole Kirk Christiansen, har altid været meget kundeorienteret. Det ligger i vores arv. Han sagde: „Only the best is good enough". Da han introducerede det, var det, fordi han vidste, at hvis vi lavede legetøj i høj kvalitet, så ville forbrugerne sprede det, og så ville det være vores markedsfø-

ringsmaskine. Vi tror også på, at den eneste måde at skabe vækst og succes er ved at forstå brugeren på et dybt niveau og levere det, forbrugeren spørger efter.

Vi for vild under krisen. Vi troede, at vores brand var så stærkt, at det kunne redde os. Vi mistede fokus på vores forbrugeres kernebehov; altså hvad først drenge på 5-9 år ønsker, og herefter også vores piger, leder efter for at få en god oplevelse. Det har vi i løbet af krisen brugt meget energi på at komme tilbage til: Hvad er kerneoplevelsen, de spørger efter, og hvordan kan vi levere den og konstant optimere den? Det er det, der har været vejen til succes for os i vores turnaround proces.

Et andet problem var, at vi var blevet så store, at det ikke længere var tydeligt for os at se, hvor vi skabte værdi, og hvor vi ikke skabte værdi. Vi kom til at gå i for mange retninger, fordi vi glemte, at vi har en kerne, som er den, der giver smør på brødet, og som vi aldrig må miste fokus på. Vi kan godt lave andre ting uden om kernen, men hvis kernen forsvinder, så kan vi ikke skabe vækst.

3 – Forandringsledelse

Hvad skal der til for, at dine medarbejdere begynder at arbejde kundeloyaliteten op mod 10-tallet?

Lille spejl på væggen der

Det er vores erfaring, at udfordringen i arbejdet med kundeloyalitet ikke kun ligger i at få de enkelte medarbejdere til at fokusere på kundeloyaliteten. Udfordringen ligger oftest hos ledelsen. Det er dem, der først og fremmest skal gå forrest og vise det gode eksempel.

Det kræver mod at se sig selv i 'loyalitetsspejlet' hver dag, hvor der konstant bliver målt på, om det går bedre eller dårligere. Den proaktivitet, der skal til for at fokusere på, hvordan man hele tiden kan gøre tingene bedre, er det, der adskiller middelmådig ledelse fra de førende: dem, som konstant bevæger sig fremad og opad.

Det handler om at opprioritere kundemålingen, så den ikke bare foretages hvert eller hvert andet år, men hver dag.Det lyder måske dyrt. Og det kan det også godt være. Men det er langt dyrere at lade være.

Det er slut med at se på de utilfredse kunder som tal; som en procentdel, der ikke er tilfredse. Hvis din bedste ven kom til dig med et alvorligt problem, ville du ikke ignorere det eller kaste det nederst i en to-do bunke. Du ville handle på det med det samme – ligesom du bør gøre med dine kunder. Det handler om at behandle hinanden som medmennesker. Og i et forretnings-øjemed kan det i høj grad også betale sig.

Derfor bør du tage kontakt til hver enkelt utilfreds kunde og vende dem til tilfredse kunder, eller måske ligefrem gøre dem til Promoters, til ambassadører.

Det begynder med at få involveret hele organisationen, fra top til bund, og få alle til at føle, at de er en del af arbejdet med kundeloyalitet. Når den enkelte føler ejerskab, bliver involveringen desto større.

Få sat kundeloyaliteten på agendaen på ledelsesmøderne. Der sker ikke meget forandring, hvis kundeloyaliteten bliver overladt til en lille gruppe entusiaster, en lille ø i det store hav af en organisation. Der skal sidde en CEO for enden af bordet, og så handler det om at læse kundefeedbacken højt. Oplæsning af kommentarer fra både utilfredse, men også tilfredse kunder, har oftest større indflydelse end eksempelvis at få en statistik udsendt fra hovedkontoret en gang om måneden eller hvert halve år.

Med udgangspunkt i kundefeedbacken laves der action-planer. Det er netop en af grundene til, at en CEO skal med for enden af bordet, for så sker der lige pludselig noget med forandringsprocessen. Den bliver meget mere effektiv.

Actionplanen skal operationaliseres. Hvis målet f.eks. er en NPS® på 80, hvad er det så for et operationelt target (f.eks. tid for fejlretning), virksomheden skal nå? Det er i den forbindelse meget vigtigt at forstå sammenhængen mellem operationelle data og kundeoplevelsen, hvilket NPS® og denne bog hjælper til.

Actionplanen skal kommunikeres ud til alle relevante medarbejdere, og der skal opsættes et system, så feedback fra utilfredse kunder bliver håndteret i real time (også kaldet at lukke hullet til kunden).

Som leder bør du også få overblikket over, hvordan hver enkelt medarbejder performer. Du skal nemt kunne se, hvem der ikke klarer sig godt i forhold til loyalitetsniveauet. På den måde ved du, hvordan du skal allokere dine ressourcer. Du kan belønne de høje performers og give de lave performers vejledning til at rette op, og indsigt i præcis hvor det går galt. På den måde rykker både hver enkelt medarbejder, og hele virksomheden samlet, hele tiden nærmere 10-tallet.

Er der en utilfreds kunde, så bør medarbejderen selv få besked, så der tages action på egen hånd. Samtidig bør medarbejderen se, hvordan loyaliteten udvikler sig over tid, så de forbedringer, medarbejderen har arbejdet med, kan ses i form af bedre loyalitet. Og selvfølgelig bør du som leder også se, når enkelte medarbejdere gør fremskridt, så du kan give dem den anerkendelse, de har krav på. Det bliver en positivt selvforstærkende effekt, der giver dem lyst til at fortsætte med at gøre tingene endnu bedre.

Det er her, vi ser den største afgørende betydning ved at arbejde med kundeloyaliteten på en systematisk måde: Den rigtige værdi er det kulturelle skift, der gradvist vil ske, hvor hver enkelt medarbejder begynder at arbejde med, hvordan de hver især kan gøre tingene lidt bedre, hver dag. I sidste ende handler det ikke om teknikken, men om vaner, vel at mærke de gode vaner.

Afhængig af organisationen, og hvor gearet den er til forandring, kan processerne implementeres løbende, med tilhørende stigning i ambitionsniveau.

I kan starte med kun at involvere de medarbejder, der har direkte kundekontakt. De kan få til opgave altid at følge op på utilfredse kunder inden for 48 timer. På sigt kan det måske blive til 24 timer. Til sammenligning har succesfulde virksomheder som Apple et mål om at svare på utilfredse kunder inden for 24 timer; et mål, de når i 90% af tilfældene.

Apple er nogle af de bedste i verden inden for kundeloyalitet.
Mange tror, at loyaliteten stammer primært fra fantastiske produkter eller fantastisk design, men det har vist sig, at det vigtigste for deres Promoters er måden, de ansatte i Apple Store behandler dem. Medarbejdere diskuterer hver dag kundernes feedback som en del af den daglige rutine. Det har givet markante resultater. Fra en NPS® score på 58, da de startede med at måle i 2007, til 2012, hvor den er nået helt op på 72.

Medarbejderinvolvering

Du kan nok lave en fin jobbeskrivelse, men hvis incitamentstrukturen skaber en adfærd, der resulterer i noget andet end det der, stod i jobbeskrivelsen, så går folk jo efter det. Det kan være, der er nogle enkelte medarbejdere, der måske ikke er særligt interesserede i at gøre noget ekstra for kunderne, fordi de ikke bliver belønnet for det. De kan gemme sig ude i organisationerne. Det gælder specielt større organisationer. Derfor begynder kundeloyaliteten allerede i rekrutteringen. At du finder frem til de medarbejdere, som allerede er klar på at gøre en forskel.

Men hvad gør man med medarbejdere, der er blevet lidt selvfede? Hvordan får lederen aktiveret dem? McKinsey har fundet frem til, hvad de kalder 'the meaning quotient': Meningen med det, medarbejderen laver. Ligesom vi har en IQ, har vi også en MQ. Vi ved alle, at der skal en høj IQ til blandt medarbejderne for at kunne præstere på højt plan, men hvis der ikke også er en høj MQ, altså en mening med det, medarbejderen laver, så får vi ikke en medarbejder, der yder sit fulde potentiale. Der er kommet nye spændende forskningsresultater frem, der viser, hvad der motiverer medarbejdere. Det er nemlig ikke lønnen, der gør det længere – selv om mange virksomheder stadig er utrolig old school på dette område. Der skal selvfølgelig betales en fair løn, men derefter er det et meget ringe incitamentskabende middel. Der skal mening til. Fokus på kunderne, at kunne gøre en forskel for dem, er et motiverende mål for medarbejderne. McKinsey bruger bl.a. virksomheden Emerson Electric (US Fortune 500 virksomhed) som case story. Deres CEO David Farr er kendt for at stille alle medarbejdere følgende fire spørgsmål:

1. Hvordan gør du en forskel?
   (mening)
2. Hvilke forbedringsaktiviteter arbejder du på?
   (konstant forbedring)
3. Hvornår fik du sidst coaching fra din leder?
   (personlig udvikling)
4. Hvem er vores største konkurrenter?
   (skaber sammenhold)

Alle fire spørgsmål går ind og sikrer, at medarbejderen føler mening, udvikler sig og føler et fællesskab med sine kolleger.

Find frem til, hvad der motiverer dine medarbejdere. Men start med at tage udgangspunkt i, hvordan de klarer sig i forhold til kundeloyalitet. Bedøm dem ikke ud fra, hvor flinke de er som kollegaer. Lad i stedet kunderne være dommerne. De, der klarer sig mindst godt, er typisk også dem, som er mindst motiverede, så det er dem, du bør fokusere på.

Her vil jeg godt komme med en lille advarsel. Kan du huske eksemplet tidligere i bogen med slagtermesteren, der ikke bliver målt på grøntmandens succes og derfor ikke vil hjælpe ham? Det handler også om at udvikle en virksomhedskultur, der er fuldt fokuseret på medmenneskelighed og på at gå „above and beyond" for både kunder og kollegaer.

Når salgschefen har en snak med sine medarbejdere, så kan han få en mere konstruktiv dialog, da han kan sætte ind der, hvor det er nødvendigt, og påpege de steder, hvor der skal optimeres, og de steder hvor der skal belønnes.

Sælgere har ofte deres egen agenda. De vil, populært sagt, typisk sørge for at feje foran egen dør. Hvis man derfor kommer med mistanke om utilfredshed hos en bestemt sælgers kunder, er det vigtigt at kunne bakke det op med konkrete fakta, og samtidig dyrke en virksomhedskultur, hvor der skabes et fællesskab, hvor alle hjælper hinanden med at gøre en forskel.

Bolia.com Et eksempel på en virksomhed, der har skabt et system, der skaber en naturlig medarbejderinvolvering, er designkæden Bolia.com. Bolia.com har mange butikker i flere forskellige lande og derfor også et behov for at kunne benchmarke performance og kundefeedback mellem de internationale butikker.

Bolia.com har derfor udviklet et live kundefeedback-system, som både giver et samlet overblik over performance på kæden, men også ned på den enkelte butik. Kunderne har desuden mulighed for at give direkte skriftlig feedback og ideer til Bolia konceptet, kollektionerne samt den enkelte butik og sælger, og dette skaber en stærk kunde- og medarbejderinvolvering samt incitament til at forbedre sin butik og performance. På kædeniveau foretages der ugentlig opfølgning på resultaterne. Negativ kundefeedback samles hurtigt op fra centralt hold, og kunden kontaktes med sigte på at vende ham/hende fra en Detractor til en Promoter.

Hos Bolia.com udvikles alle strategiske businessplaner med fokus på kunden i centrum, og denne kultur har bl.a. været med til at skabe salgs- og indtjeningsrekorder flere år i træk.

Det der gør forskellen

Der skal investeres finansielt, følelsesmæssigt og tids-mæssigt, for at et NPS® program fungerer optimalt. Det handler om at mindske afstanden til kunden for at få forandring på scoren og på kundeoplevelsen.

Neil Berkett er øverste chef i Virgin Media. Da de begyndte med deres NPS® i 2006, var der en række ting, der skulle rettes op på. Først og fremmest sagde han: „Det hjælper ikke noget at hive programmet ned over hovedet på medarbejderne. De skal alle tro på konceptet omkring NPS®. Du bliver nødt til at overbevise dem – og det handler om ledelsesansvar – at det her er noget, hvor det kan hjælpe den enkelte. Hvor de er opsatte på at foretage den forandring, fordi de ser, det hjælper dem selv, kollegaerne og hele virksomheden. Det var den opgave med at sælge NPS® programmet til frontlinjen og virkelig få dem til at tro på, at der var noget ved det, der var svær," siger Neil.

Virgin Media besluttede, at NPS® var den bedste måde at skabe en kulturel forandring gennem frontlinjen på. De havde netop overstået en fusion med Telewest og NTL og derfor 'arvet' en frontlinjeleverance, der var under niveau. Med det nye Virgin brand havde de derfor brug for en måde at ændre på den måde, oplevelser blev leveret til kunderne: igennem kundeservice, og igennem andre touchpoints (kontakt med kunden) i forretningen. NPS® blev set som en motivation til at lave denne kulturelle ændring.

En skabelon for succes

Det starter med at få ledelsen bragt ind i programmet. Det er ikke bare noget, du kan være enig i, og så sige: „Ja okay, NPS® er det rigtige skridt fremadrettet." Ledelsen bliver nødt til at være en del af beslutningsprocessen i forhold til, hvordan man skal agere. Selvfølgelig ikke de beslutninger, der fortsat bliver taget hver eneste dag, men snarere nogle nøglestrukturelle forbedringer.

Resultaterne skal dirigeres videre til frontlinjen, fordi du har brug for indsigt i den viden, der er i frontlinjen. Det er dem, der rent faktisk skaber forandringen.

Så er det vigtigt at producere beviser i takt med, at du bevæger dig gennem programmet, for at fastholde køb blandt dem, der tvivler på værdien af NPS® – skab beviserne, for der er ingen tvivl om, at disse beviser er vigtige i virksomheden.

Og så skal det hele jo holdes sammen af et professionelt hold, som kan se på best-practice og se efter den interne kommunikation, skabe guidelines og sikre en god styring omkring, hvad der er rigtigt, og hvad der er forkert i forhold til at udrulle programmet.

Det er dog vigtigt også at uddelegere og markere ansvarlighed for programmet, så det kan identificeres, hvem der rent faktisk er ansvarlig for at lukke hullet til kunden (håndtere kundens utilfredshed). Gør det helt klart.

Derfor er det vigtigt, at det hele er centralt koordineret, og at man har det centrale hold, der kan relatere til alle funktioner og alle områder af forretningen, fordi alle har en interesse i kundeoplevelsen – ikke blot research afdelingen. Det her gør sig gældende på tværs af virksomheden.

Hvis du gerne vil gå et skridt videre, så lad det integrere sig med dit CRM-system. Se kundefeedbacken sammen med al den anden information, du har på dine kunder, så du kan se det store billede. Det er godt at få noget feedback og kunne sige: „Kan jeg hjælpe dig med dit problem?" Men det er endnu bedre, hvis du kan se informationen, sammen med hvilket produkt de har, hvor de bor osv.

Resume

– Sæt kundeloyaliteten på agendaen. Gør det til en daglig vane
– Lav en strategi for, hvordan du involverer medarbejderne
– Start processen i dag, og start småt. Succes bygger på en serie af ofte små forbedringer. Du kan starte med at læse kundefeedbacken op på dit næste ledelsesmøde

 CEO'en hos Zappos siger, at det, der gjorde forskellen i hans virksomhed, var, da de begyndte at definere kulturen.

De nedskrev 10 værdier, og ikke bare til at hænge i en flot ramme, for så efterlever medarbejderne det jo ikke. De prøvede virkelig at gå ind at kigge på, hvordan de kunne få medarbejderne til at efterleve deres kultur. Det er det følgende et godt eksempel på:

Nogle medarbejdere fra Zappos havde besøgt en af deres samarbejdspartnere. Efter mødet fik de nogle øl og blev lidt halvfulde, og var så på vej tilbage til hotellet. En medarbejder fra den samarbejdspartner, de var ude med, havde glædet sig meget til at få en pizza på hotellet, men da de kom tilbage, fik de at vide, at det var for sent. De serverede ikke flere pizzaer på det tidspunkt. Det blev hun rigtig ked af. Så dem fra Zappos sagde til hende, at hun skulle ringe til deres virksomhed, for de tilbød altid en fantastisk kundeservice. De sagde det egentlig for sjov, men hun tænkte: Okay, hvis I tilbyder så god en service, så ringer jeg til jer. Zappos har en 24/7 support, så det var intet problem at få fat på dem. „Hej, jeg vil gerne bestille en pizza." Så blev der helt stille

i den anden ende, men så svarede Zappos sup-
porteren så: „Vi sælger altså sko, er du klar over
det?" „Ja, det er jeg, men jeg har fået at vide, at I
tilbyder en fantastisk service, og jeg kunne godt
tænke mig en pizza. Jeg er hernede på Venice
Beach, klokken er 1 om morgenen." Så blev der
endnu mere stille i den anden ende. „Giv mig lige
et øjeblik." Så gik der et par minutter, og hun kom
tilbage og sagde: „Jeg har lige fundet tre pizza-
restauranter, der stadig har åbent i dit område.
Her er adresserne… "

Man kan umuligt lave nogen retningslinjer, der
hedder, hvad nu hvis kunderne ringer og spørger
efter pizza. Man kan kun sikre sig fantastisk ser-
vice i den slags situationer, hvis man har det i kul-
turen. Det handler grundlæggende om at lave en
god virksomhedskultur med gode værdier, god
moral og god etik.

4 – Virksomheder under forandring

 **DANHOSTEL**

De fleste af kæden Danhostels 95 vandrerhjem arbejder med styrkelse af kundeloyalitet. Det har givet flotte resultater i den stærkt konkurrenceudsatte hotel- og overnatningsbranche. Op imod 25 procent af kunderne kommer igen.

Danhostel gennemfører løbende evalueringer af, hvad gæsterne synes om deres ophold. Hovedformålet med evalueringerne er at forbedre gæsternes oplevelse.

På Danhostel indhentes der ratings, når gæsten er meldt afrejst, som det er kutyme i overnatningsbranchen. Gæsterne får et evalueringsskema, som de besvarer.

Derefter kan medarbejderne på de enkelte vandrerhjem selv se i systemet, hvad gæsterne siger om opholdet.

På nogle vandrerhjem bruges evalueringerne meget. Gæsteevalueringerne tages f.eks. op på det ugentlige personalemøde. Her kan ledelsen sige: „Vi kan se, at gæsternes tilfredshed med rengøringen kunne være større". Det giver mulighed for, at hostellet kan sætte sig mål for gæsternes tilfredshed med rengøringen. Gæsternes evalueringer giver altså medarbejderne mulighed for at se, hvordan de selv kan gøre en indsats for, at hostellet kan få bedre ratings. Denne fremgangsmåde har været en stor succes på flere af kædens vandrerhjem, særligt i København.

I en stor organisation som Danhostel kan det dog også være en udfordring at få alle til at arbejde med gæsteevalueringer.

Derfor samler Danhostel en gang om året alle kædens medarbejdere for at diskutere best practice. På mødet fortæller nogle af dem, hvordan de bruger gæsteevalueringerne. Danhostel anvender desuden kvalitetssikringsprogrammet HighQ fra kædens internationale organisation. Flere af kædens vandrerhjem er ved at implementere dette program.

Hvert år nominerer Danhostels medarbejdere desuden årets bedste værtspar. Kriterierne for at blive valgt som årets bedste værtspar er, at værter og medarbejdere på vandrerhjemmet har vist talent for innovation og været gode til at hjælpe andre hostels. Danhostel overvejer desuden i fremtiden at lade kunderne vælge årets bedste værtspar. I det hele taget arbejder man i kæden på at finde de gode historier om vandrerhjem, der har gjort det særlig godt i årets løb. I fremtiden vil rating få en større betydning i Danhostels arbejde med at skabe kundeloyalitet. Ambitionen er, at der altid skal være balance mellem pris og kvalitet.

Tidligere lå gæsternes ratings i et internt system, men i dag har de en central placering på Danhostels hjemmeside, hvor de er synlige for alle.

Det enkelte vandrerhjem kan kommentere eventuelle negative ratings. Det var en forudsætning for, at Danhostel valgte netop dette system.

Det har desuden den væsentlige funktion, at et vandrerhjem kun kan anmeldes af en person, der faktisk har overnattet der.

På det enkelte vandrerhjem kan man selv trække alle de rapporter i systemet, der er brug for. Man kan altså se, hvordan ens vandrerhjem placerer sig i forhold til dem, man sammenligner sig med, og hvor tilfredse gæsterne er på forskellige punkter.

Derved undgår Danhostel, at arbejdet med kundetilfredshed bliver top-down-styret. Samtidig opnår man blandt medarbejderne en følelse af, at systemet gør en positiv forskel for dem i dagligdagen. Det er afgørende for, om der bliver fulgt op på dårlige ratings, og det fremmer medarbejdernes og værtsparrenes motivation, at de enkelte vandrerhjem kan bench- marke sig mod hinanden.

„Mit gæt for fremtiden er, at det bliver bedre at være et trestjernet hostel eller hotel med en toprating fra kunderne end at være et femstjernet hostel med en dårlig kunderating."

Danhostels erfaring viser, at det virker overbevisende på alle i kæden, at repræsentanter for de enkelte vandrerhjem selv taler for de systemer, der skal implementeres.

Sker det ikke, risikeres det, at de enkelte medarbejdere føler, at ledelsen stiller for mange krav og vil implementere for mange systemer.

Samtidig betyder evalueringssystemet, at ratings får en central rolle, hvor stjerneklassifikationen tidligere betød mest. Positive ratings kan betyde, at gæster, der normalt ikke vil bo på et vandrerhjem med kun 3 stjerner, ombestemmer sig.

Det er nødvendigt for Danhostel at skille sig ud på markedet for overnatning. I dag kæmper mange om det kundesegment, som Danhostel henvender sig til. Kæden kan ikke konkurrere kun på pris, fordi konkurrenterne har større pengebeholdninger, og prisen på en overnatning er allerede i bund.

Derfor gælder det for Danhostel om at skabe en god oplevelse – lav pris alene er ikke nok. Ganske vist går kunderne efter pris, men hvis ikke de får en god oplevelse, der opfylder (eller overgår) det de, forventet ud fra prisen, kommer de ikke igen.

For Danhostel er det desuden vigtigt, at et besøg på et vandrerhjem opleves som fleksibelt, uformelt og behageligt.

Service betyder meget, men ikke i traditionel forstand. På kædens vandrerhjem er der hverken tjenere eller roomservice. God service er derimod ensbetydende med venlige værter, at man føler sig velkommen, at der er nogen, der kender lokalområdet, og at der er legeting til børnene.

Selvom der ikke er en masse faciliteter, er gæsterne godt tilfredse med denne mere personlige form for service.

Danhostels ledelse har naturligvis en idé om, hvilke værdier brandet har, men i sidste ende er det kunderne, der beslutter, om de mener, brandet lever op til værdierne.

Kundeloyalitet i øjenhøjde

Mange tror, at kun store firmaer og virksomheder, hvor man har råd til at ansætte folk med titler som 'kundeloyalitetschef', kan arbejde seriøst med kundeloyalitet.

Lad mig derfor give et eksempel fra et firma med få ansatte og uden smarte titler: Danhostel Copenhagen på Amager.

For nogle uger siden besøgte jeg vandrerhjemmet og talte med Lasse Uldahl Borch, som er daglig leder. Jeg tør godt sige, at mange kundechefer – også i store virksomheder – ville misunde hans vandrerhjem.

Lasse og hans team formår virkelig at arbejde med kundeloyaliteten i det daglige.

Efter gæsternes ophold på vandrerhjemmet tilbydes de at deltage i en online survey af deres tilfredshed. Resultaterne af undersøgelserne hænges løbende op på en stor opslagstavle på en gang på vandrer- hjemmet, hvor alle medarbejderne tit går forbi.

Det er virkelig kundeloyalitet i øjenhøjde, for ingen medarbejdere kan undgå at blive konfronteret med det.

Desuden bliver resultaterne af kundetilfredshedsundersøgelserne drøftet på jævnlige teammøder for at sikre, at gæsternes oplevelse af opholdet på vandrerhjemmet hele tiden forbedres.

Indsatsen har også båret frugt: Sammen med blot 144 vandrerhjem i hele verden har de opnået en HI-Q-certificering.

Hvor der er vilje, er der vej, og alle virksomheder, der ønsker at forbedre deres kundeloyalitet, kan gøre det.

" Det kan godt være,
vi har siddet og
haft en eller anden
forestilling om, hvad
det er for nogle
værdier, vores brand
har, men det er jo
i sidste ende vores
kunder, der er med til
at bestemme, om
det holder vand. **"**

NIRAS er Danmarks tredjestørste rådgivende ingeniør-virksomhed. Knap 1400 specialister og projektledere arbejder med projekter inden for bl.a. byggeri og infra-struktur, vand, miljø og natur, samt energi, geodata og udviklingsbistand. Projekterne løses fra kontorer i mere end 20 lande.

NIRAS' projektchef, Bjørn Eliasen, fortæller her om NIRAS' erfaringer med implementeringen af et real time kundefeedbacksystem:

„Udfordringen var, at vi gerne ville implementere et kundefeedbacksystem, hvor vi fik tilbagemelding fra alle vores kunder om, hvor tilfredse de var med samarbejdet med os. Vi vil gerne måles på vores performance, så vi kan bruge kundernes tilbagemeldinger som styringsværktøj. Tidligere spurgte vi kun udvalgte kunder om deres ople-velse af samarbejdet, og det ville vi gerne gøre bedre."

„Vi havde ikke lyst til selv at lave et spørgeskema-system. Vi valgte den løsning, der var nemmest at inte-grere. Det betød, at implementeringen af det nye system kun var en lille arbejdsopgave for mig."

**,, Vi lytter,
vi lærer,
vi leverer. ''**

„Vores nye spørgeskemaløsning giver os mulighed for at sammenligne kundetilbagemeldinger fra forskellige business units, men formålet med at sammenligne kundefeedback fra flere business units er ikke at hænge medarbejdere ud eller at udstille nogen som særligt gode eller dårlige."

„Tværtimod forsøger vi at bruge kundernes tilbagemeldinger proaktivt i vores samarbejde med dem. Kundernes feedback kan være en god anledning til at tale med dem om, hvad de er tilfredse med, og hvordan vi kan forbedre os."

Det nytter at arbejde med kundetilfredshed

„I NIRAS tror vi på, at det nytter at arbejde struktureret med kundetilfredshed. Det er vores forventning, at hvis vi gør kunderne glade, belønner de os med flere opgaver, samtidig med at kundernes tilbagemelding hjælper os til at forbedre os. NIRAS har altid været en kundeorienteret virksomhed. Vi har nogle værdier, vi prøver at efterleve: Vi lytter, vi lærer, vi leverer. Når vi påtager os projekter, sker det i høj grad på kundernes præmisser, så vi har en virksomhedskultur, der handler om at skabe kundetilfredshed, men vi vil gerne gøre det endnu bedre."

CAD & THE DANDY

Cad & the Dandy – jakkesæt med ekstra service

Cad & the Dandy er en retailkæde i London, der måler, benchmarker og forbedrer de ansattes præstation ved hjælp af real time kundefeedback.

Formålet er, at kunderne ikke bare er tilfredse – men også så glade, at de bliver ambassadører, der anbefaler Cad & the Dandy til andre.

Cad & the Dandy leverer jakkesæt til mænd i London og New York. Virksomheden har oplevet stor vækst i sine fem første år. Forretningsideen er at lave fantastiske jakkesæt til fantastiske priser, hvor kundetilfredshed spiller en stor rolle. Alle ønsker et jakkesæt, som er syet på en helt særlig måde – derfor leveres der ikke bare et standard produkt. Det er også derfor, Cad & the Dandy fokuserer på kunderne som unikke individer.

Deres kunder kan godt lide at se smarte ud, men det er måske ikke altid dem, der råber højest om deres ønsker.

Derfor er feedbacksystemet en stor hjælp for virksomheden. Her kan kunderne komme med kommentarer som:

„Jeg synes, servicen var fantastisk, men næste gang vil jeg gerne se et større udvalg".

Det sikrer, at virksomhedens produkter og service er i top og fortsat afspejler Cad & the Dandys værdier.

I virksomheden er der en klar bevidsthed om, at detailhandlen er hårdt ramt i øjeblikket, og at luksusprodukter typisk rammes hårdest, når folk skærer ned på udgifterne under en økonomisk recession.

Derfor er det nødvendigt for virksomheden hele tiden at sikre sig, at man ikke ryger med ned – også selvom man sidste år oplevede en øget omsætning på 65%.

Cad & the Dandys forretningssucces er baseret på produktet og servicen. Virksomheden bruger ingen penge på annoncer, men satser i stedet på kundeanbefalinger.

Det fundamentale er at sikre sig, at kunden er glad, og at virksomheden tilbyder en perfekt service. Når kunderne evaluerer virksomheden, bliver de derfor aldrig bare spurgt, om de er tilfredse – de bliver spurgt, om de vil anbefale virksomheden til andre.

Anbefalinger er simpelthen årsagen til Cad & the Dandys overlevelse på markedet, mener man i virksomheden.

" Vi annoncerer aldrig, da det ikke kan betale sig. Hvad der i stedet virker, er anbefalinger fra kunder. "

Virgin Media har gjort det ekstremt godt i arbejdet med kundeloyalitet, og de har kunnet se, at deres NPS® er steget omkring 35 point i frontlinjen over 18 måneder.

Her er, hvad de gjorde:

Virgin Media uddannede sig selv til virkelig at være en del af programmet, ved f.eks. rent praktisk at løfte røret for at lukke hullet til en utilfreds kunde, og virkelig integrere hele processen for at forbedre NPS®.

„Okay, så over de sidste tre måneder, hvor mange „huller" har vi lukket, og hvad var resultatet af det?"

Alle i organisationen havde en oprigtig interesse med deres egne klare mål.

Den administrerende direktør havde et dashboard, han plejede at se nu og da, for at tjekke niveauet af kundeloyaliteten – altså virkelig have fingeren på pulsen i f.eks. aktiviteten for at lukke hullet til kunden. Igennem disse real-time transactions NPS® kom de igennem de kritiske touchpoints på kunderejsen. De havde motivationen til at skabe den gode kundehistorie. Der er intet som den gode kundehistorie til at motivere folk og gøre dem begejstrede. En metrik som en NPS® kan være lidt tør. Derfor var det vigtigt at få noget god feedback kommunikeret ud i organisationen, så medarbejderne følte, at de gjorde en forskel.

De forbedrede deres NPS® og deres touchpoints markant som et direkte resultat af det at være forpligtede til programmet og have en masse folk engageret i det. Det motiverede virkelig til at gøre en forskel og til at ændre kulturen.

De øgede også indtægten i organisationen og formindskede desuden andelen af kunder, der forlod virksomheden i de første 18 måneder af programmet, markant. Helt præcist fra 1,8 til 1,1 procent. Det er en markant forbedring af 'churn rates'. Da de begyndte, havde de nogle af de værste churn rates i branchen, hvilket besværliggjorde mange ting for dem, og de var derfor nødt til at gøre noget ved det.

De fandt ud af, at de, der havde givet dem 0 på 0-10 skalaen, var 17 gange mere tilbøjelige til at forlade dem, end en detractor der havde scoret et andet resultat. De kunne selvfølgelig ikke forhindre alle i at smutte, men at have den segmentering på skalaen og en strategi for, hvordan man skulle forhindre det, var et nøglepunkt i analysen.

Og det er det, som vi kalder en kunderejse. De havde disse NPS® undersøgelser, hvor de kunne få NPS® helt ned på teamniveau i frontlinjen og gøre dem ansvarlige for scoren. De kunne gøre det til en del af deres scorecard og belønne dem for de 10'ere, de opnåede. De havde alle disse touchpoints, der går gennem denne kunderejse.

Du bliver nødt til at udstyre frontlinjen med nogle diagnoser – ikke komplicerede diagnoser, men noget simpelt, der kan forstås relativt hurtigt. Det starter på dag ét: Den dag, hvor en kunde køber noget hos Virgin Media. Kunden får produktet installeret i sit hjem, og så modtager han sin første regning.

Hvis du som udbyder er i stand til at måle NPS® af din kundebase, mens de bevæger sig ud på denne kunderejse, så hjælper det virkelig frontlinjen til at forstå, hvor top og bund er, og hvor der potentielt er succes eller mindre gode oplevelser.

Noget andet, der er vigtigt, er at have en gennemskuelig taktisk og strategisk metode til at lukke hullet til kunden, lige fra øverste ledelse i virksomheden til frontlinjen, så den feedback og information, der kommer fra

dine Net Promoter svar, kan benyttes af alle i virksom-
heden, hvis de ønsker det.

Disse forskellige niveauer i virksomheden har en form
for interne strategier for, hvordan man forsøger at mind-
ske hullet til kunden. Teamledersamtaler til frontlinjen,
webinars hver måned, dashboards, møder ansigt til ansigt
med kunden, måske invitere kunden indenfor i din orga-
nisation, have en kundebestyrelse med ledelsen for at se,
hvad der sker andre steder i organisationen. Det er den
taktiske måde at lukke hullet til kunden på. Den strate-
giske måde er en lille smule anderledes og har en anden
proces – det handler mere om investeringer: At uddanne
din organisation, så den forstår værdien af NPS®.

En af de aktiviteter, som Virgin Media forsøgte sig
med, var, at de rent faktisk havde et website dedikeret
til formålet. Det er en strategisk måde at lukke hullet til
kunden på, fordi siden var åben for alle. Den var ikke
henvendt til en enkelt person, men signalerede i stedet:
„Vi lytter til det, du siger. Vi kan forstå, at der er nogle
problemer med regningen, men nu har vi ordnet det,
og det har vi gjort sådan og sådan. Vi vil gerne vende
tilbage til dig for at fortælle, hvad det er, vi har ordnet."

Richard Branson om kundeservice

Det er altid lærerigt at lytte til, hvad chefen for Virgin Group, Richard Branson, har at sige. Og sjovt er det også altid. Branson tweetede forleden denne sjove historie om en flypassager, der skrev følgende klagebrev til selskabet LIAT Airlines:

„Jeg må nok sige, at det er betænksomt af jer at give jeres passagerer en så oplevelsesrig og dybdeborende rundtur i Caribien," indleder flypassageren ved navn Hicks.

„De fleste andre flyselskaber, jeg har rejst med, ønsker kun at tage mig ret forhastet fra punkt A til punkt B. Jeg var benovet over, at vi fik lov at gøre ophold – ikke bare i en, eller to – men utroligt nok i hele seks lufthavne i går! Og hvem har dog lyst til at rejse med samme fly hele tiden? Vi fik lov til at skifte fly og tanke hvert eneste sted!"

Hick fortsætter med en beskrivelse af, hvordan han nød sikkerhedstjekket og kropsvisitationen i alle lufthavnene.

„Jeg føler, at jeg allerede er blevet omfavnet af hele Caribien," skriver han. Brevet afsluttes: *„PS – behold tasken. Jeg har aldrig brudt mig om den alligevel."*

Branson, som lagde historien ud på sin blog, skrev, at det er en påmindelse til virksomheder om at fokusere på, hvad der er vigtigt for kunderne...

„Gør kundeservice til en nøglefaktor i din virksomhed – det holder dine ansatte motiverede og dine kunder glade. Det sikrer varig loyalitet, succes for virksomheden og en bedre oplevelse for alle."

Det er langt bedre at være ærlig up-front med sine kunder, også når det ikke går så godt, snarere end slet ikke at kommunikere med dem. Det er et eksempel på, hvordan du opbygger tillid til dem. Du vender tilbage til dem. De betalte for at købe noget af dig – et produkt eller en service. Du skylder dem noget ved at vende tilbage til dem og svare på, hvorfor de ikke føler, de har fået fuld valuta for pengene. Du er sådan set moralsk forpligtet til at gøre det.

Det er værd at nævne den stærke kultur hos Virgin, og hvordan kulturen skaber medarbejdere, der er super engagerede. Alle medarbejderne får en lille pakke med en motivationsbesked. Der er også en bog, enten af Richard Branson eller en anden entreprenør. Der er klistermærker med „Screw it – let's do it" og noget materiale om, at det er okay at fejle, så længe man lærer af det. Alle mulige former for støttende og motiverende ting. Virgin gør virkelig en indsats for at styrke kulturen i organisationen, og det forstår alle i virksomheden også. De investerer en hel del i det, ikke blot i NPS®, men generelt i arbejdet med virksomhedskulturen.

Den slags investeringer har en helt åbenlys indflydelse på kulturen, hvilket går godt i spænd med selve NPS® programmet. For at NPS® kan fungere, skal der være en kundeorienteret virksomhedskultur.

En anden interessant ting, Virgin Media gør, er at udpege „NPS® Heroes". De kårer de personer, der udmærker sig i arbejdet med kundetilfredshed, til helte. I den vurdering er det okay at have begået en fejl, så længe man har lært af den: „Du kan ikke skjule dårlige oplevelser – så lad os i stedet tale om dem. Det er okay at fejle, men lad os i stedet have en kultur, hvor vi taler om det frem for at tie det ihjel."

De har været meget opmærksomme på dette, og de laver endda årlige konferencer og store fester og middagsselskaber. De holdt sågar en decideret NPS® fest. Du behøver ikke at gøre det på samme måde som Virgin, det vigtige er bare at forstå, at NPS® ikke bare er en metrik, der optræder i dine repporter. Det handler sådan set ikke om metrikken. Det er et program til at skabe forståelse for kundeoplevelser, og NPS® er en måde at måle det på. Der er andre måder at måle det på, men NPS® fremhæver som ingen anden metode de væsentlige bagvedliggende pointer og gør det muligt at foretage forandringer i kulturen, hvilket er et afgørende aspekt.

" Der er klistermærker
med „Screw it – let's
do it" og noget
materiale om, at
det er okay at fejle,
så længe man
lærer af det. **"**

Resume

– Læg mærke til, at fællesnævneren for de fire
virksomheder i dette kapitel er deres tilgang
til kundeloyalitet. Det handler ikke blot om at
måle og finde frem til et tal, men også om en
gennemgribende kulturtilretning
– Fælles for dem er også, at de måler i real time.
På den måde kan de aktivere medarbejderne,
så arbejdet med kundeloyaliteten bliver en
daglig vane
– Endelig ses deres målinger også som en stærk
KPI til at sammenligne udviklingen over tid, og
til at sammenligne deres forskellige business
units

Del 2

Historier der gør en forskel

Hverdagens helte

noma

Ikke kun gastronomi i verdensklasse

NOMA er kendt for gastronomi i verdensklasse. Deres renommé er skabt ved konstant at skubbe grænserne for, hvad der er muligt. Alligevel er det ikke kun på det gastronomiske plan, at grænserne skubbes – det samme sker, når det drejer sig om service, hvilket denne lille virkelige historie illustrerer:

Et par af mine gode venner havde haft sig en fantastisk aften på NOMA. Det var nu på tide at betale regningen, og der blev bestilt en taxa. Da de gik ud til taxaen, var taxameteret allerede tikket op på 150 kr. Når man nu har været på NOMA, er det jo ikke, fordi 150 kr. gør den store forskel, men principielt syntes mine venner, at det var urimeligt. Der blev diskuteret frem og tilbage med taxachaufføren.

Midt i den diskussion kom en af medarbejderne i restauranten ud til dem og spurgte, hvad problemet var. Der var ikke gået lang tid, før han gik tilbage til restauranten, kun for at komme ud igen og række taxachauf-

føren 150 kr. og uden videre sige til mine venner: „Kan I have en fortsat rigtig god aften."

Hvor mange virksomheder giver så udstrakt service? Gør din virksomhed også det? Der er ikke mange, der tager så stort ansvar for kunden, og de fleste medarbejdere ville næppe tænke på at strække sig så langt. Det sker kun i en virksomhed med en kultur, der hele tiden stræber efter at gøre tingene bedre – ikke kun på produktsiden, men også på servicesiden.

 telenor

Hvordan service er marketing

Det er gået op for flere, at service er marketing. Når du yder en god service, så sælger du i virkeligheden virksomheden til kunden. Men stadig alt for mange ser god service som en omkostning og ikke som en investering.

Der er nok ikke nogen bedre til at fortælle dette end Tony Evald Clausen, der netop arbejder professionelt med salg igennem Salgspiloterne. Han oplevede det selv, da han kontaktede Telenor, da han løb ind i problemer med sit internet. Her er historien, som Tony oplevede det.

Telenor: „Jeg kan se, at din router er fra 2007. Vi sender en ny til dig. Det skal du selvfølgelig ikke give noget for. Jeg kan se, at du har været loyal kunde hos os, helt tilbage fra da vi hed CyberCity. Jeg sender en ny router, og du skulle have den senest på onsdag. Det er uden beregning. Den gamle kan du bare smide ud, den behøver vi ikke få tilbage."

Det er jo i sig selv fantastisk service, men der sker også noget andet. Der sker også det, at da de kommer om onsdagen for at aflevere routeren, ringer de fra Telenor og siger, at deres folk har været ude for at aflevere den, men de kunne se, jeg ikke var hjemme for at tage imod den. De spørger derfor, om jeg har mulighed for at komme tilbage senere og få den afleveret. Det har jeg, så jeg kører hjem og får udleveret routeren.

Senere på aftenen ringer Telenor igen, først for at høre, om jeg denne gang har fået routeren, og dernæst for at høre, om jeg har nogen spørgsmål til opsætningen. Jeg siger, at jeg ikke har fået den sat op endnu, så Telenor-medarbejderen spørger, om han må ringe senere på aftenen og høre, om den virker.

Jeg sætter routeren op uden problemer og hører kort senere igen fra Telenor, som spørger, om jeg er tilfreds med routeren, og om den fungerer.

Det er service, men det er også salg. Telenor har nemlig lige solgt mig Telenor igen. De har bekræftet mig i, at de er den bredbåndsudbyder, jeg skal lægge mine penge hos hver eneste måned fremover. Jeg føler mig i den grad både godt betjent og forsørget. Så godt betjent, at jeg gang på gang fortæller historien videre og anbefaler dem.

Vi vil ikke have tilfredse kunder

E-conomic er en virksomhed i fremdrift. Siden starten i 2001 har virksomheden fået mere end 167.000 virksomhedskunder og har kontorer i England, Sverige, Norge, Polen, Tyskland og Spanien med over 100 medarbejdere, der forsøger at gøre en forskel.

Mange forventer måske ikke noget særligt af kundeservicen, når de køber et abonnement til et regnskabsprogram, men e-conomic har gjort det til deres mål at yde en god kundeservice, der når ud over det forventede. Ved at overraske kunderne og give dem en oplevelse, der overstiger deres forventninger, får de ikke bare tilfredse kunder, men kunder, der anbefaler dem til deres venner og kollegaer.

For nylig overraskede e-conomic en kunde, der netop havde sagt sit abonnement op. Ejeren havde været kunde hos dem i 3 år, men hendes virksomhed havde simpelthen for mange udgifter, så de var nødt til at spare, hvor det var muligt. Hendes revisor havde opfordret hende til at lukke virksomheden, men det så hun ikke som en mulighed.

Da en e-conomicsupporter hørte hendes historie, tilbød han hende et gratis abonnement for resten af året. Kunden svarede: „Det er helt vildt sødt af dig, men jeg har jo ikke en krone!"

Supporteren holdt dog fast i, at hun var en god kunde, der fortjente en suveræn service, så han tilbød hende at gøre hendes abonnement gratis resten af året og ringe til hende igen til den tid for at høre, om hun vil fortsætte sit abonnement, eller om det skal opsiges. Kunden blev selvsagt henrykt over, hvor langt e-conomic ville gå for hende.

Hun er stadig i dag en glad kunde hos e-conomic. Selvom hun måske opsiger sit abonnement, inden betalingen indtræffer, mon så ikke hun deler oplevelsen med nogen i sit netværk? Som e-conomic siger i foretagendet:

Vi er der for vores kunder – ikke fordi det giver mening, men fordi det giver f***ing god mening! Vi oplærer alle vores ansatte i denne tankegang, da vi tror på, at glade kunder er vejen frem.

Så vender vi kajakken

Vi hører så meget om økonomisk krise, men du kan også vende kajakken ved at fokusere på kundeloyaliteten, som denne historie fra en læser illustrerer:

„Min mand og jeg fik for 6-7 år siden den idé, at vi skulle lære at ro kajak. Der var lang ventetid på at komme på kursus i kajakklubben, men hvor svært kan det også være at ro en kajak, spurgte vi hinanden, og kørte derefter ud til en specialist i kajakker. Han var lidt måbende over, at vi ville købe 2 kajakker, når vi aldrig havde prøvet at ro, så det talte han os fra – i stedet lånte han os 3 weekender i træk, i den bedste salgsperiode, forskellige slags kajakker, så vi kunne finde ud af, om det var noget for os, og hvilken slags der i så fald passede os bedst. Vi endte jo selvfølgelig med at købe to kajakker – og det var de helt rigtige. Krøllen på historien kom et par måneder senere, hvor vi tilfældigvis kom forbi forretningen, og det endte med, at sælgeren tilbød at tage med os ud at ro, for at vi kunne få pudset teknikken af. Tror du, jeg har fortalt den historie mange gange? Og henvist man-

ge (potentielt) kajakinteresserede til forretningen? Den
service har betalt sig flerfoldigt tilbage!"
– *Susanne Lehmann Pagh, teamleder hos Arwos*

Antihelten

En læser har bidraget med følgende historie om, hvor
galt det kan gå for en dansk cykelhandler: Jeg har en
cykel, som jeg til tider bruger, når jeg skal på arbejde eller
hente børnene i børnehaven. En dag havde jeg hunden
med, og den løb ind i baghjulet, så det gik i stykker. Og
så er det jo handyman-tid.

Da jeg skulle have gearskiftet af baghjulet, fandt jeg ud
af, at jeg manglede et af de sædvanlige specialværktøjer.
Og så var det jo af sted til cykelhandleren.

Heldigvis havde han en lille dims, man kunne bruge
til at tage gearet af med, og den kostede endda kun 69
kr. Fedt, den tager jeg. Da jeg kom hjem, fandt jeg dog
desværre ud af, at den var den forkerte størrelse. Ikke
noget problem, af sted til cykelhandleren igen, bare 10
minutter efter jeg var der første gang.

Heldigvis havde de den anden størrelse, og det var
endda så heldigt, at den kun kostede 59 kr., altså 10 kr.

billigere end den, jeg havde købt. Da cykelhandleren opdagede det, skyndte han sig at fjerne emballagen, og jeg fik IKKE mine 10 kr. Og næsten endnu værre var det, at jeg heller ikke fik en undskyldning for den „fejl", de var kommet til at lave.

Efter min oplevelse hos cykelhandleren har jeg nu fortalt historien til 10-12 personer i nærområdet. Det blev 10 dyre kroner for ham. Hunden kom dog heldigvis ikke til skade.

What goes around comes around

Der er plads til mange flere kundehistorier.
Send din gode historie til info@relationwise.dk
Vi kvitterer med taknemmelighed, dit navn i bogen,
og måske får vi endda vores tegner til at illustrere din
historie.

Afsluttende ord

First Measure, Then Manage.

Det handler om at stille den rigtige diagnose. Vi kan sagtens komme og sige: „Vi har løsningen på alle jeres problemer", men det vil være en kæmpe løgn. Vi har ingen anelse om, hvad jeres største problem er. Så hvis der en dag kommer nogen og siger, at de ved lige præcis, hvad du har brug for, så spørg dem, hvor de ved det fra. For det handler om at starte med at stille en diagnose. På hospitalet er det også en skidt læge, der kommer hen og som det første stikker dig en håndfuld piller og beder dig tage dem, fordi det virker på det meste. Det ville du jo heller ikke acceptere. Nogle gange accepterer man, at der kommer en eller anden konsulent og siger, at han ved, hvad man har brug for, for det har han prøvet rigtig mange gange hos andre virksomheder. Bare fordi det er godt for andre virksomheder, hvordan kan han så med sikkerhed også vide, at det er godt for os? Det er der ingen, der har nogen som helst idé om, medmindre de har lavet en eller anden form for analyse, test eller evaluering.

Når vi går ud og spørger kunderne, så er det heller ikke altid, at deres billede af situationen stemmer overens med virksomhedens. Nogle gange er der en tendens til, at vi tænker indefra og ud.

Hvad er nemt for os, og hvad er godt for os. Vi plejer at sige, at hvis man står med hovedet inde i maskinen og røven ude i markedet, så er det svært at se, hvad kunderne synes – og så har kunderne i øvrigt ikke noget særlig godt udsyn til virksomheden. Det er derfor, det er så vigtigt, at man lige får rejst sig op, set sig om, dannet sig et overblik og får gjort sig værd at investere i.

Virksomheder, der bygger på et fundament af kunde-
loyalitet, har en langt større chance for at komme igen-
nem hvilken som helst økonomisk modvind. De styrer
uden om negativt ladet indtjening som gebyrer og und-
går at give gode priser til nye kunder på bekostning af
de loyale langtidskunder.

Hvor loyale er dine kunder? Hvor stor er sandsynlig-
heden for, at dine kunder også er der i morgen? Hvis
svaret ikke er lysende klart, så skal du bare se at kom-
me ud og måle på det. Og husk at måle rigtigt. For som
det fremgår, så kan det jo være, at de kunder, der i den
klassiske måling erklærer sig tilfredse, egentlig ikke har
tænkt sig at købe mere. Det, de var tilfredse med, er jo
noget historisk – de var tilfredse med et køb, men vil de
også købe i morgen? Og vil de anbefale din virksomhed
til andre? Forskellen på loyalitet og tilfredshed handler jo
om, at tilfredshed er noget, der har været, hvor loyalitet
handler om forventet fremtidig adfærd. Har du tænkt
dig at anbefale os? Har du tænkt dig at købe igen? Det
er det, det handler om.

Hvis du vil vide mere, så klik ind på
www.relationwise.dk

99 First Measure,
Then Manage. 66

Der er et gammelt management ordsprog, der siger: You can't manage what you don't measure", og i en anden form: „If you can't measure it, you can't manage it." Det er der desværre mange, der har grebet forkert an og fået galt i halsen.

Det næste skridt

Stil dine kunder det ultimative spørgsmål og bliv klog på dine kunder

Relationwise gennemfører tests for virksomheder, der vil lære kunderne bedre at kende – og sælge mere.

Vi sætter undersøgelsen op, sender den ud til kunderne, indsamler svarene og laver beregningerne. Og så kommer vi ud og gennemgår svarene sammen med dig.

Du risikerer intet – bortset fra at blive meget klogere på, hvordan du kan komme til at tage bedre beslutninger og få en bedre bundlinje.

Undersøgelsen viser dig nemlig, hvad dine kunder er glade for – hvad de er mindre tilfredse med – og hvad de ønsker sig allermest af din virksomhed. Det giver dig de bedste chancer for at skabe loyale ambassadører og sælge mere.

Bestil din kundeundersøgelse!

1. Lav en liste med nogle af dine kunder med navn og e-mail
2. Vi sørger for design og distribution af undersøgelsen
3. Vi præsenterer resultaterne på et møde i din virksomhed

Hvis du gerne vil lytte til dine kunder, udfordre status quo og sælge mere, skal du bare tage det første skridt nu.

Kontakt os på info@relationwise.dk

FAQ

„Er vores svarprocent høj nok?"

Da NPS® kun er ét spørgsmål plus en kommentarboks, og der derfor kun tager minimal tid for respondenten at svare, kan du forvente en noget højere svarprocent end ved normale kundemålinger.

Idet der tages action på utilfredse kunder, vil kunderne også løbende udvikle en større interesse i at afgive deres svar, modsat traditionelle kundemålinger, hvor deres svar ender som en statistik, der ikke er til deres umiddelbare fordel.

Det er umuligt at give et præcist tal på, hvilken svarprocent du skal forvente, da der er for mange variable, men som udgangspunkt bør det ligge højere end ved andre målinger og være i løbende stigning.

Er du ikke tilfreds med svarprocenten, så bør du nok spørge dig selv, om du har engageret kunden nok i virksomhedens touch points. Virksomheder, der formår at skabe en følelsesmæssig forbindelse til kunden, opnår langt højere svarprocenter.

Og husk, at forandringen ikke sker ved, at du får en svarprocent på 100%. Forandringen sker ved, at du løbende får resultater ind, som aktivt bliver brugt i dagligdagen. En håndfuld resultater en gang om måneden er langt bedre end en høj svarprocent en gang om året.

„Kan vi ikke komme til at spørge kunderne for ofte?"

I kan praktisk talt ikke spørge kundemassen for meget, men I kan godt spørge den enkelte kunde for meget. Kundemåling er vigtigt, men for den enkelte kunde bliver det irriterende, hvis han skal svare på det samme spørgsmål, hver eneste gang han handler, især hvis han har mange og hyppige transaktioner hos jer. Derfor kan der opsættes en teknisk regel, der gør, at en kunde maks. kan få tilsendt spørgsmålet f.eks. hver 3. eller 6. måned.

„Hvem måler vi på i virksomheden?"

Det er væsentligt at klarlægge, hvem der er beslutningstager, og hvem der er influent. Du bliver simpelthen nødt til at have en udpeget beslutningstager, og så en række influenter.

Man kan faktisk godt have siddet og snydt sig selv, fordi man har regnet en eller anden gennemsnitsting ud på en hel masse, der var rigtig glade, og så en enkelt, der var skidesur. I virkeligheden var det nok netop ham, I skulle have haft fat i fra starten af, for at spørge hvad det er I gør forkert.

Har du flere spørgsmål til vores FAQ, så send dem til *info@relationwise.dk,* og vi lover at svare på dem alle.

Bidragsydere til denne bog

Tak til...

Per Østergaard Jacobsen

Per Østergaard Jacobsen er en af dem i Danmark, der ved mest om CRM, kunderelationer og kundeoplevelser. Han er ekstern lektor ved CBS inden for bl.a. Performance Management, og han er forfatteren bag CRM-håndbogen. CRM-håndbogen blev skrevet i 1999 og var en af de allerførste bøger inden for det, der kom i verdensmarkedet overhovedet, solgt i over 50.000 eksemplarer og oversat til seks sprog.

Peter Winther

Peter har i mere end 25 år arbejdet med ledelse, salg og salgsudvikling, marketing, media, coaching/uddannelse, TQM/Lean, implementering og ikke mindst CRM-/CEM og loyalitetsudvikling samt dialogmarkedsføring. Peter er en anerkendt skribent og meget benyttet foredragsholder. Peter har hjulpet såvel store som små virksomheder, i både ind- og udland, med både strategi og konceptuel udvikling, samt ikke mindst operationalisering af samme.

James Young

James Young har stor ekspertise inden for NPS®. James har tidligere arbejdet for Satmetrix, der sammen med Bain Consulting og Fred Reichheld udviklede NPS® og teknologien bagved den. James var den ansvarlige konsulent for Satmetrix i Europa, men nu har han egen virksomhed, hvor han primært hjælper større organisationer med at køre deres programmer.

Kilder

The Ultimate Question 2.0: How Net Promoter Companies Thrive in a Customer-Driven World by Rob Markey and Fred Reichheld

The Loyalty Effect: The Hidden Force Behind Growth, Profits, and Lasting Value by Frederick F Reichheld

Harvard Business Review on Increasing Customer Loyalty by Harvard Business Review

Customer Satisfaction is Worthless Customer Loyalty is Priceless by Jeffrey Gitomer

Increasing the 'meaning quotient' of work by McKinsey & Company

„ Det er en succes for mig, når jeg kan gå alle steder i organisationen, ikke bare i marketing og salg, men også hos produktudviklerne, logistikken, IT, og jeg får svar på spørgsmålet: „Hvilken kundefeedback ligger til grund for din plan for at gøre tingene endnu bedre?" Og hvis folk ser på mig, som om jeg kommer fra en anden planet, så ved jeg, at vi endnu ikke er der. **„**

Gerard Kleisterlee
CEO, *Philips*

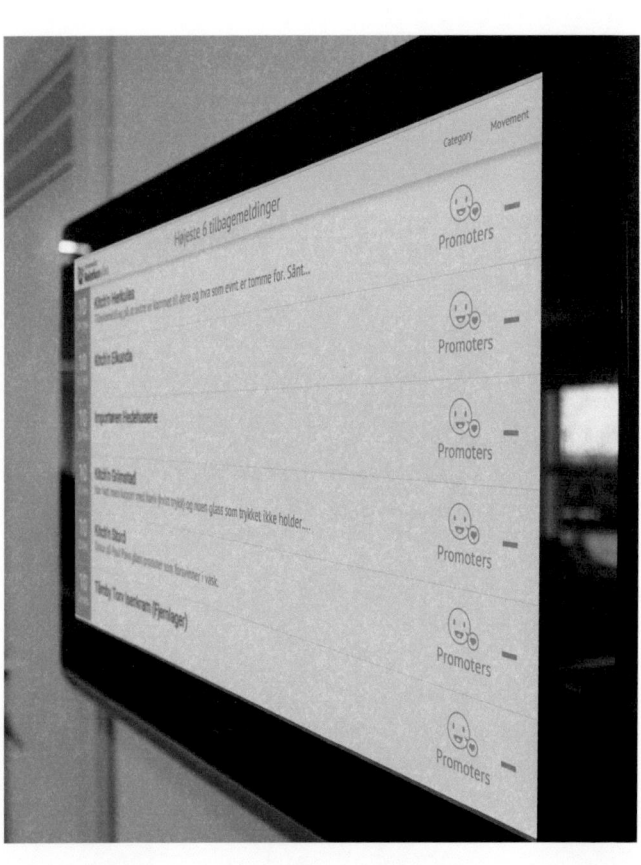

Det nye møbel til dit kontor

Skab en kultur der får dine kunder og medarbejdere til at sige WOW og bliv vinderen i en kundefokuseret verden.

Arbejdet med kundeoplevelser og loyalitet behøver ikke at være kedelige rapporter. Vi har fjernet støvet og giver vores bud på fremtidens dashboard der synliggør din kundefeedback på tværs af organisationen.

Du kan kun få succes, hvis du engagerer dit team. Når kundefeedbacken kan ses live på en skærm på kontoret, følger alle i virksomheden med i resultaterne. Alle mærker successen, når kunderne fortæller jer, at I har gjort det godt.

Lær mere om mulighederne.
Kontakt os på info@relationwise.dk

J. CHRISTIAN ANDERSEN

NAKED
MARKETING

EN REJSE TIL FREMTIDENS MARKEDSFØRING

Hvorfor?

Bogen Anbefalet fortæller dig, HVORDAN du får flere kundeambassadører.

Anbefalet er blevet fulgt op af bogen Naked Marketing, som handler om, HVORFOR det er mere nødvendigt end nogensinde før, at du redefinerer din forståelse af marketing.

I Naked Marketing lærer du, at kunderne ikke mere lytter til smarte reklamer og glatte sælgere. De taler selv – og fremtiden tilhører de virksomheder, der giver kunderne noget, som er værd at tale om.

Marketing forandrer sig i disse år fra tom reklame til forandringsskabende kraft – og du kan selv blive forandringsleder.

Download Naked Marketing gratis som pdf på *www.relationwise.dk*

Noter

Noter

Noter